Gewohnheiten:

GEWOHNHEITEN ÄNDERN FÜR MEHR ERFOLG, DISZIPLIN UND MOTIVATION

Inhaltsverzeichnis

Vorweg einmal 2

Kapitel 1: Gewohnheit – Was ist das eigentlich? 6

Kapitel 2: Wie erkenne ich meine Gewohnheiten, damit ich sie ändern kann? 17

Kapitel 3: Wie kann ich eine Gewohnheit erfolgreich verändern? 27

Schlusswort 60

Impressum 63

Vorweg einmal

"Entschuldigung, aber das ist Gewohnheit"

"Das ist aber eine schlechte Angewohnheit!"

"Die Macht der Gewohnheit."

Wir alle haben Gewohnheiten und jeder von uns hat solche Sätze schon mal verwendet. Das Wort Gewohnheit wird in vielen verschiedenen Aspekten verwendet. Manchmal sehen wir es als eine positive, manchmal als eine negative Sache. Je nachdem, von welcher Gewohnheit man spricht.

Ist jemand daran gewöhnt, immer alle Aufgaben sofort zu erledigen, dann sehen wir das als gute Gewohnheit an. Wenn man aber daran gewöhnt ist, immer nur Fastfood zu essen und auf der Couch zu liegen, dann wird das als eine schlechte Gewohnheit angesehen.

Es kommt also darauf an, um was es geht.

Jeder von uns hat eine oder mehrere schlechte Gewohnheiten, die wir am liebsten sofort los werden wollen, aber das ist nicht so leicht. Man hat zum Teil den halben Alltag an eine Gewohnheit angepasst, also kann man sie nicht so einfach ändern. Auch der Wille zur Veränderung spielt dabei eine große Rolle. Der Mensch gilt schließlich als „Gewohnheitstier". Und selbst wenn der Wille da ist, kann es sein, dass wir Schwierigkeiten mit der Änderung von Gewohnheiten haben, sei es, weil uns die Zeit dazu fehlt, die Energie oder einfach die Unterstützung von der Familie.

Es muss aber nicht unbedingt der komplette Austausch von Gewohnheiten sein. Manchmal haben wir einfach das Gefühl, dass eine Gewohnheit eigentlich gut ist, aber in ihrer momentanen Art und Weise uns zu sehr langweilt oder nicht gefällt. Sagen wir, du fährst jeden Tag mit dem Fahrrad in die Arbeit. Das ist an und für sich gut, aber dir gefällt der Weg nicht. Nun kannst du versuchen, dich an einen anderen Weg zu gewöhnen. Oder du kannst lernen, den Weg mit anderen Augen zu betrachten und herauszufinden, was genau dir daran nicht gefällt.

Kurz gesagt, fast alle haben die eine oder andere Gewohnheit, die sie gerne los werden oder ändern wollen. Aber oft wissen wir nicht, wie und fühlen uns damit überfordert. Manche geben eine Gewohnheit auf, fallen aber nach einer Weile zurück ins alte Schema, was sehr frustrierend sein kann. Also ist es Zeit für ein bisschen Hilfe.

In diesem Buch wollen wir erklären, warum das alles so ist und wie wir trotzdem unsere Gewohnheiten ändern können und vielleicht sogar sollten. Selbst, wenn es sich schon um eine gute Gewohnheit handelt, werden wir zeigen, wie man weiter an sich arbeiten kann, um diese gute Gewohnheit zu behalten oder sogar noch zu verbessern. Wir hoffen, dass es auch dir nach der Lektüre dieses Buches gelingen wird!

Interessieren Sie sich für das Thema Cryptocurrencies und Bitcoins? Das Thema, das gerade in aller Munde ist? Wenn Sie mehr darüber und über das Investieren in Cryptocurrencies lernen möchten, dann laden Sie sich diesen kostenlosen Bonus runter:

KAPITEL 1: GEWOHNHEIT –

WAS IST DAS EIGENTLICH?

Als Gewohnheit definiert man regelmäßig wiederholtes Verhalten in einer bestimmten Situation. Es ist ein Erbe unserer Urahnen. Wie mit den meisten Eigenschaften, die wir von unseren Vorvätern mit in die moderne Zeit gebracht haben, sind damit nicht nur Vorteile verbunden. Was in der Steinzeit geholfen hat, kann heute in unserer zivilisierten Gesellschaft nicht immer ins Leben passen. Nichtsdestotrotz fungieren Gewohnheiten als enorm effiziente Organisationsform unseres Alltags. Welche Vorteile Gewohnheiten für uns haben und welche Nachteile sie im negativen Fall für uns haben können, soll in diesem Kapitel beschrieben werden.

Biologisch gesehen ist eine Gewohnheit ein Verhalten, das normalerweise unterbewusst und automatisch geschieht. Das heißt, wir denken nicht darüber nach, wenn wir etwas tun, an das wir seit langem gewöhnt sind. Nehmen wir zum Beispiel die Routine unseres Frühstücks. Wenn wir jeden Morgen in die Küche laufen und die Kaffeemaschine anschalten, dann denken wir nicht das geringste bisschen darüber nach, sondern unser Körper hat den Autopilot eingeschaltet. Wenn wir nun aber eines Morgens Tee machen, dann müssen wir über jeden Handgriff nachdenken, weil wir sonst nie morgens Tee kochen. Dieses Verhalten ist in unserem Gehirn abgespeichert.

Ohne diese automatisch ablaufenden Handlungsabläufe, wären wir bereits morgens vor große Herausforderungen gestellt. Was für eine Aufgabe alleine das Kaffeekochen darstellen würde. Oder das anziehen Deiner Kleidung. Ganz zu schweigen von deinem Weg zur Arbeit. Das würde sich in etwa so anfühlen, wie das erste Mal ein Auto mit manueller Gangschaltung zu fahren. Jeder Funke Aufmerksamkeit wird benötigt. Nach einer Weile wird dieser komplexe Vorgang von Gas geben Kupplung treten, Schalten, Bremsen und den Verkehr beobachten zur automatischen Handlung. Es wird zur Gewohnheit.

Der Speicherort für all unsere Gewohnheiten liegt in den sogenannten Basalganglien. Dabei handelt es sich um eine Region im Gehirn, die unterhalb der Großhirnrinde, ziemlich im Zentrum gelegen ist. Die exakte Funktion der Basalganglien ist bis heute nicht ganz erforscht. Sie bieten etwas wie einen Filter für unsere Handlungen. Das beinhaltet unsere Spontaneität, Initiative und Willenskraft, schrittweises Denken und eben die Gewohnheiten. Auch Tic-Störungen, wie etwa das Tourettesyndrom haben mit den Basalganglien zu tun. Damit sind Gewohnheiten also nicht nur etwas virtuelles, sondern eine physische Sache, die real existiert. Da die Basalganglien viele unserer Handlungen filtern und kontrollieren, ist es eben auch nicht ganz so einfach, die Gewohnheiten zu ändern. Jedes Mal, wenn wir entgegen einer Gewohnheit handeln (wollen), reagiert dieser Filter darauf und schlägt Alarm. Hier wird etwas falsch gemacht (jedenfalls aus Sicht des Gehirns) und muss korrigiert werden. Dieser Speicher in den Basalganglien muss nämlich dazu umgeschrieben werden. Erst dann ist eine neue Gewohnheit tatsächlich zu einer echten Gewohnheit geworden.

Und wir nehmen es gleichmal vorweg: Eine einfache Formel nach dem Muster „Tu dies, dann passiert das", existiert leider (noch) nicht. Vielmehr müssen wir aktiv stark an uns arbeiten, damit wir Gewohnheiten verändern. Wir müssen allen Ernstes unser Gehirn austricksen und stark daran arbeiten, denn es wird uns sonst nur dazu verleiten, der alten Gewohnheit weiterhin nachzugehen.

Die gute Nachricht ist aber, du bist nicht allein!

Ungefähr 45% unseres täglichen Lebens sind von Gewohnheiten bestimmt. Der Sinn von Gewohnheiten ist es, unser Leben zu strukturieren. Außerdem müssen wir nicht zu viel nachdenken. Anstatt jeden Handgriff zu planen, rufen wir einfach die Information aus unseren Basalganglien ab und handeln danach. Wenn wir nicht über diese Fähigkeit verfügten, müssten wir über alles nachdenken und hätten am Ende nicht genug Energie und Konzentration für die wichtigen Dinge. In der grauen Vorzeit, als sich unser Gehirn entwickelte, bedeutete dies, dass der Mensch sich auf die Jagd und das Sammeln von Nahrung konzentrieren konnte, da er nicht jeden Tag erneut darüber nachdenken musste, wie er Feuer macht usw. Damit haben wir uns einen guten Vorteil erarbeitet, denn wir konnten somit mehr Nahrung beschaffen und uns gegen mehr Raubtiere verteidigen, was bedeutete, dass mehr Menschen überleben konnten.

Außerdem gilt: wer viel denkt, verbrennt auch viel Energie. Das Gehirn gehört zu den Energiefressern unseres Körpers. Allein im Ruhezustand verbraucht es rund ein Viertel unserer Energie, das Denken erhöht diesen Verbrauch noch mehr. Dabei handelt das Gehirn auch noch egoistisch und gibt dem

Rest des Körpers erst dann Energie, wenn es selbst gut versorgt ist. Nun würden wir es heutzutage wahrscheinlich toll finden, wenn viel Denken viel Energie verbrennt, aber in der Steinzeit und davor war Energie (also Nahrung) meistens ein knappes Gut und musste daher gut rationiert werden. Wenn wir also etwas tun, was wir gewöhnt sind, denken wir nicht viel nach und erlauben unserem Gehirn dadurch, in den Energiesparmodus zu schalten.

Wir sind oft das Ergebnis von Gewohnheiten.

Heute geht es weniger ums nackte Überleben, als um die Qualität dieses Lebens und auch der Gesundheit.

Wer die Gewohnheit pflegt, viel fettreiche oder süße Nahrung zu essen, ohne Sport zu treiben, hat daher wahrscheinlich ein paar Speckrollen auf den Rippen.

Wer dagegen daran gewöhnt ist, sehr viel Sport zu treiben, ist eher muskulös und schlank.

Natürlich sind die überaus vereinfachte Darstellungen und Schlüsse, die man aus regelmäßigem Verhalten ziehen kann. Aber je mehr und je eingehender du dein tägliches und regelmäßiges Verhalten untersuchst und reflektierst, desto mehr Sinn werden die Dinge in deinem Leben ergeben. Sei es der Lebenslauf, dein Äußeres oder etwas ganz anderes.

Und Vorsicht vor dem negativen Klang der „Gewohnheiten".

Sie sind wirklich nicht immer schlecht und wir wollen bestimmt nicht alle Gewohnheiten ändern! Oder ist Zähneputzen etwas Schlechtes? Ganz bestimmt nicht! Wie gesagt, die Gewohnheiten existieren aus einem guten Grund und wir alle sollten sehr froh sein, dass wir sie haben.

Dabei verbinden die meisten von uns ganz andere Dinge mit dem Wort Gewohnheiten. Sehr häufig geht es dann um Sachen wie Rauchen, keinen Sport treiben, Kaffee trinken, Süßigkeiten naschen, und so weiter. Oftmals Dinge also, von denen wir wissen, dass sie nicht so gut für uns sind, die wir aber dennoch regelmäßig und meist sogar unbewusst machen (z.B. rauchen) oder nicht machen, obwohl wir alle wissen, dass mehr Sport auch nicht schaden würde.

In diesen Situationen wünschen wir uns, dass wir die lästige Gewohnheit am liebsten sofort los würden und einen besseren Lebensweg einschlügen.

Sehr aktuell wird das Thema, wenn es um den Jahreswechsel geht und wir Vorsätze für das kommende Jahr fassen. „Dieses Jahr werde ich mehr / weniger ..." Oft geht das sogar eine Zeit lang gut, bis wir eben wieder in alte Verhaltensmuster zurückfallen. Das liegt eben daran, dass wir eine lange Zeit brauchen, um unsere Basalganglien auf eine neue Gewohnheit umzuprogrammieren. Unser Verhalten hat einen knallharten neurologischen Hintergrund, der nicht mal eben ausgetauscht werden kann, als handelte es sich um eine Glühbirne. Dennoch kannst du es schaffen, dich und deine Gewohnheiten zu verändern, doch bedarf es gründlicher und tiefgehender Analyse, um die wirklichen Ursachen für bestimmte Verhaltensweisen und automatische Handlungsvorgänge ausmachen zu können.

Wenn du Gewohnheiten änderst, solltest du als erstes die Frage beantworten, „Wieso"? Willst du es von dir aus? Will jemand anderes von dir, dass du eine Gewohnheit änderst? Ist dir diese Person wichtig? Bist du damit auch einverstanden?

Du wirst im Laufe der Änderung deiner Gewohnheit sehr viel und sehr stark an dir arbeiten müssen. Das bedeutet, dass es eher funktioniert, wenn es dir auch wichtig genug ist. Wenn du nur halbherzig oder gar nicht dazu stehst, dann fang erst gar nicht damit an, denn du wirst dich nicht glücklich machen.

Aber sieh es erst mal positiv, die Gewohnheiten sind im Grunde genommen nur dazu da, unser Leben zu vereinfachen und es gibt eine Menge gute Gewohnheiten, nur manche davon sind schlecht und für diese gibt es auch eine Lösung. Und genau dafür hast du dieses Buch in deinen Händen!

Kapitel 2: Wie erkenne ich meine Gewohnheiten, damit ich sie ändern kann?

Selbstverständlich kannst du dir einen Zettel an den Kühlschrank hängen der sagt: „Iss die Hälfte und bewege dich ins Fitnessstudio!" Wie gut das wirkt oder nicht wirkt, hast du vielleicht schon bemerkt. Das Stichwort lautet deshalb: Ursachenforschung. Darum wird es in diesem Abschnitt also gehen. Wie sieht das typische Muster, der Entstehungsprozess, einer Gewohnheit überhaupt aus? Dies ist die Grundlage, damit man Gewohnheiten erfolgreich verändern kann.

Versuche zum Einstieg mal folgendes Selbstexperiment:

Falte deine Hände, wie zum Gebet. Nun tausche die Position der Daumen, sodass der untere oben ist und umgekehrt und halte diese Position für einige Minuten. Am besten schließt du dabei auch deine Augen, damit du dich auf deine Gefühle besser konzentrieren kannst.

Wie fühlt sich das für dich an? Ungewohnt, oder sogar komplett unerträglich?

Das liegt daran, dass unser Gehirn dieses Verhalten mit der Gewohnheit inkompatibel findet und daher nicht seine Belohnung bekommen kann. Also löst das Gehirn einen Alarm aus, um zu melden, dass etwas falsch ist. Das gleiche würde passieren, wenn du eine schlechte Angewohnheit ändern würdest.

Dein Gehirn kann leider nicht zwischen guten und schlechten Gewohnheiten unterscheiden. Es weiß nur, ob etwas mit dem Speicher in den Basalganglien kollidiert oder nicht. Das ist also der Grund, warum du dich in den ersten Wochen nicht immer gut fühlen wirst, selbst wenn du etwas Gutes für dich tust. Das Gewissen sitzt schließlich an einem anderen Ort im Gehirn und diesen Konflikt gilt es zu lösen.

Allein die Änderung des Verhaltens mit den Daumen würde etwa zwei Wochen aktiver Arbeit in Anspruch nehmen. Die Änderung einer größeren Gewohnheit, etwa täglich eine Stunde Sport zu treiben, statt fern zu schauen, würde entsprechend länger dauern und auch sehr viel schwieriger für dich sein.

Aber das ist kein Grund zur Verzweiflung. Du wirst zwar viel Geduld brauchen, aber im Endeffekt musst du lediglich verstehen, was genau passiert und wie du dich selbst austricksen kannst.

Doch nach was genau suchen wir überhaupt? Dafür schauen wir uns zunächst den immer gleichen Ablauf, den Kern, einer Gewohnheit an. Jede Gewohnheit folgt einem bestimmten Schema an Vorfällen, die in unserem Gehirn Reaktionen auslösen.

1. Auslöser
2. Gewohnheit
3. Belohnung

Dabei sind der Auslöser und die Belohnung die stärksten Komponenten, also der Grund, warum wie einer bestimmten Gewohnheit nachgehen, auch wenn wir ganz genau wissen, dass sie nicht gut für uns ist.

Ein bestimmtes Verhalten, oder in diesem Fall, eine Gewohnheit, beginnt immer mit einem Auslöser, auch als Erinnerung bezeichnet. Was sich einfach anhört, ist in der Realität oftmals schwer zu identifizieren. Viele Studien belegen jedoch, dass fünf Ursachen die häufigsten Gründe für ein bestimmtes Verhalten darstellen. In der Regel sind dies:

- Ort

- Zeit

- Emotionaler Zustand

- Andere Menschen

- Direkt vorangegangenes Verhalten (hier sind unsere Daumen vom Experiment angesiedelt)

Die Belohnung ist wieder ein Relikt unserer Urahnen: unser Körper hat uns immer signalisiert, wenn er etwas braucht. Zucker war beispielsweise ein sehr rares Gut, weshalb unser Gehirn einen solchen positiven Schub davon bekommt. Wenn der Urmensch reife Früchte erntete und seinem Körper somit Zucker und wichtige Vitamine lieferte, löste das Gehirn eine Belohnung in Form von Hormonen aus. Heute sind wir von Zucker im Überfluss umgeben und oft genug bereitet er uns mehr Probleme als Glück. Dennoch gibt unser Gehirn uns weiterhin eine Belohnung, wenn wir Zucker essen. Dies trifft nicht nur auf Lebensmittel zu, sondern auch auf viele andere Aspekte. Irgendeine Handlung bringt unser Gehirn dazu, Glücksbotenstoffe oder andere positive Signale auszusenden, was uns schließlich dazu bewegt, diese Tat zur Gewohnheit zu machen.

Man kann schon sagen, dass Gewohnheiten und Süchte oft eng beieinander liegen. Das

System von Auslöser, Gewohnheit und Belohnung basiert im Grunde genommen auf demselben System. Aber wir müssen hier eben wieder unseren Blickwinkel erweitern. Denn nicht alle Gewohnheiten (Süchte) sind schlecht, siehe eben das oben genannte Zähneputzen.

Um nicht andauernd in der Theorie zu bleiben, bemühen wir an diesem Punkt ein konkretes Beispiel:

Du befindest dich auf der Arbeit. Ein neues Café hat gerade aufgemacht und es gibt in der ersten Woche ein Sonderangebot: Zu jedem Kaffeegetränk gibt es ein Stück Kuchen nach Wahl. „Kann man ja mal ausprobieren", denkst du dir anfangs. In der nächsten Nachmittagspause spazierst du also mit deinen Kollegen zu dem neuen Café mit dem besagten Angebot. Gemacht, gekauft. So weit, so gut.

Die Kuchenauswahl ist reichhaltig und um das Angebot nochmal auszunutzen, gehst du mit einem Kollegen auch am nächsten zu dem Café. „Es war ja so nett dort." So geht es für den Rest der Woche zu dem netten, neuen Laden gegenüber.

In der zweiten Woche existiert das Angebot nicht mehr, aber egal, der Spaziergang dorthin ist angenehm und der Kaffee in dem Laden ist auch besser, als im Büro. Das Kuchenstück gibt es jetzt nicht mehr dazu, aber Kaffee schmeckt mit so einem Kuchen einfach noch besser. Ohne es tatsächlich zu bemerken, gehst du seitdem jeden Nachmittag in das kleine Café gegenüber und gönnst dir einen Kuchen mit einem Kaffeegetränk.

Angenommen du hast mittlerweile einige Kilogramm zugelegt und auch auf deinem Konto machen sich die vielen Kaffees und Kuchenstücke bemerkbar. Du entscheidest dich: „Das muss aufhören!"

Der Auslöser ist hier also das nette Angebot, das zu gut klang, um zu widerstehen. Hier haben wir eine Kombination von mehreren Faktoren: zum einen ist es die Zeit, denn jeden Nachmittag sagt dir dein Gehirn, dass es nun an der Zeit wäre, ins Café zu gehen. Zum anderen sind es andere Menschen, denn deine Kollegen gehen zumindest ab und zu mit dir mit. Wenn also jemand an deiner Bürotür klopft und fragt, ob du mit ins Café willst, kannst du einfach so nein sagen? Wahrscheinlich nicht. Selbst wenn du nicht unter einem Gruppenzwang liegst, dann kannst du dir trotzdem kaum vorstellen, dass Kollege X gerade genüsslich ein Stück

Kuchen isst und sich im Café entspannt, während du im Büro sitzt und arbeitest.

Und natürlich sind guter Kaffee und Kuchen, sowie nette Gesellschaft und eine Pause von der Arbeit eine Belohnung für dich. Das macht es umso einfacher, sich eine neue Gewohnheit zuzulegen, ob sie gut ist oder nicht. Wie kannst du also damit wieder aufhören?

KAPITEL 3: WIE KANN ICH EINE GEWOHNHEIT ERFOLGREICH VERÄNDERN?

Du hast für dich erkannt, dass du etwas ändern willst oder sogar musst. An und für sich ist das der wichtigste Schritt. Die Erkenntnis, die Einsicht und der Wille etwas verändern zu wollen, sind Grundlage für alles was folgt.

„Schluss damit!" Leichter gesagt als getan. Denn: Wie häufig haben wir solche oder ähnliche Aussagen getroffen und auf Worte sind keine (langfristigen) Taten gefolgt.

Spielen wir also den zuvor beschriebenen Prozess an unserem Beispiel durch:

Die Gewohnheit ist klar: Zum Café spazieren, Kaffee trinken und Kuchen essen.

Jetzt beginnt der schwierige Teil unserer Verhaltensänderung. Was ist der tatsächliche Auslöser und sind Kaffee und Kuchen die wirkliche Belohnung, oder steckt doch mehr dahinter, als auf den ersten Blick ersichtlich?

Versuchen wir das Problem eingehender zu betrachten.

Listen wir mögliche Auslöser für den Gang zum Café auf:

- Bist du hungrig?
- Brauchst du Bewegung?

- Brauchst du nur eine Pause vor dem nächsten Schub an Aufgaben?

Schnell wird klar, wie vielschichtig die Beweggründe für eine anfangs simpel erscheinende Gewohnheit sein können. Und auch wenn es um die Belohnung geht, wird die Sache nicht einfacher. Hier ein paar Gedanken zu anderen Möglichkeiten der wirklichen Belohnung:

- Ist es der Energieschub aus Koffein und Kuchen?

- Oder nur das unterhaltsame Gespräch mit den netten Kollegen?

- Ist es ein simpler Tapetenwechsel und möchtest du einfach nur Ablenkung von deinem Büroalltag?

Welche Gewohnheit es auch sein mag, die du ändern möchtest, der Schritt der Überlegung und der Suche nach den womöglich tieferliegenden Gründen für dein Handeln sind unabdingbar. Wenn du diesen Teil bewältigt hast und alle potenziell zugrundeliegenden Ursachen analysiert und aufgelistet hast, geht es ans Eingemachte. Du experimentierst. Überlegen und Nachdenken kann man schließlich viel und lange, aber am Ende musst du ausprobieren, ob deine Vermutungen wirklich stimmen. Wie das funktioniert wollen wir nun im folgenden Abschnitt auseinander nehmen.

Wir bleiben bei unserem Beispiel von dem Café. Nun überprüfen wir unsere Annahmen nach möglichen Belohnungen. Je nach Komplexität deiner Gewohnheit, bedarf es dafür kürzer oder länger. Es können ein paar Tage sein, aber wahrscheinlich eher Wochen oder sogar noch länger. Wie vorher schon erwähnt, dauert es eine gewisse Zeit, die Gehirnwindungen auf eine neue Gewohnheit umzuprogrammieren. Entscheidend aber ist, dass du keinen Druck verspürst deine Gewohnheit schon jetzt abzulegen. Es ist also auch in Ordnung, wenn du deine Gewohnheit noch auslebst, dabei aber nicht vergisst ab und zu nach den tieferliegenden Gründen zu forschen.

In unserem Beispiel könnten wir nun versuchen, die Annahme zu testen, ob die Belohnung tatsächlich nur aus Hunger besteht. Gehe nach draußen, mache einen Spaziergang und kaufe dir etwas anderes, als einen Kaffee und Kuchen, vielleicht etwas Gesundes, wie einen Salat. Als nächstes könntest du versuchen nur einen Spaziergang zu machen und ohne etwas zu essen wieder zurück an die Arbeit zu gehen. Dann könntest du probieren nur ein bisschen mit deinen Kollegen zu quatschen, bevor du wieder an die Arbeit gehst.

Welche Hypothesen würden also wirklich testen? Wenn es frische Luft oder einfach Bewegungsdrang sind, die dich nach draußen bringen, müsstest du dich mit einem einfachen Spaziergang genauso gut fühlen, wie nach dem Stück Kuchen und mit einem Kaffee. Ist es das ablenkende, erfrischende Gespräch mit den Kollegen? So würdest du dich auch danach so fühlen, wie nach dem Kaffee-und-Kuchen-Ausflug. Ist es einfach nur Hunger, wird dich auch der Salat ausreichend befriedigen.

Jedes Mal, wenn du eine neue Belohnung ausprobiert hast und an deinen Arbeitsplatz zurückkehrst, notiere die ersten drei Dinge, die dir in den Sinn kommen. Das können Gedanken, Gefühle und alles andere sein, was dir in diesem Moment einfällt. Dies dient der späteren Überprüfung und vor allen Dingen deiner Erinnerung, wie du dich mit einem anderen Verhalten, einer anderen Gewohnheit gefühlt hast.

Eine wichtige Frage, die du dich nach deinen kleinen Experimenten immer stellen solltest: „Habe ich noch immer das Bedürfnis nach einem Kaffee und einem Kuchen?" Wenn Deine Antwort immer noch positiv ausfällt, hast du noch nicht die wirkliche Belohnung identifiziert. Wenn du dich aber erfrischt, zwanglos und beschwingt wieder an die Arbeit machen kannst, bist du auf der richtigen Spur. Bist du an diesem Punkt angelangt, also, hast du die wahre Belohnung hinter deiner Gewohnheit erkannt, darfst du dich schon einmal beglückwünschen. Doch auch hier sei Vorsicht angebracht, denn die wichtigsten und sicherlich schwierigsten Hürden liegen noch immer vor dir. Denn deine Gewohnheit ablegen, respektive ändern, musst du schließlich immer noch tun.

Ziehen wir kurz Bilanz: Wir kennen die Gewohnheit, die wir ablegen oder verändern möchten. Wir haben verschieden Hypothesen aufgestellt, welche Belohnung sich in Wahrheit hinter unserer Gewohnheit verbergen. Schließlich haben wir getestet, ob und welche dieser Behauptungen stimmen. Bleibt nur noch der Auslöser. Was löst das beschrieben Verhalten aus?

Glücklicherweise liefert die Wissenschaft hier viele Daten, sodass sich nahezu jedes Verhalten in mindestens eine der folgenden fünf Kategorien einordnen lässt. Das bedeutet, dass bestimmte Verhaltensmuster immer mindestens einen dieser Auslöser zugrunde liegen.

- Ort
- Zeit
- Gefühlszustand
- Andere Menschen
- Unmittelbar vorangegangene Handlung

Was als nächstes kommt, kommen muss, ist den meisten Lesern an dieser Stelle sicherlich schon klar: Es geht wieder um das Aufschreiben. In diesem Fall um den Moment in welchem unser Verhalten, bzw. unser Bedürfnis nach einem bestimmten Verhalten auftritt.

- Wo befinde ich mich gerade, wenn ich zu dem Café gehen, ein Stück Kuchen und einen Kaffee trinken möchte? (Zuhause, auf der Arbeit, im Hotel....)

- Wieviel Uhr ist es in diesem Moment?
- Wie fühle ich mich gerade? (Bin ich gelangweilt, glücklich, traurig, müde...)
- Ist jemand in meiner Nähe und wer? (alleine, Freunde, Familie, Chef, Kollegen...)
- Was habe ich gemacht bevor oder als das Bedürfnis zutage trat? (ich komme aus einem Meeting, vom Sport, gehe zur Arbeit, bin gerade aufgestanden...)

Wahrscheinlich sind dir gerade eigene, regelmäßige Handlungen oder Gewohnheiten eingefallen, als du die Beispiele in den Klammern gelesen hast. Dieser Schritt ist aber vor allen Dingen bei schwieriger zu analysierenden Gewohnheiten entscheidend. Um eine sichere Aussage treffen zu können, welcher dieser fünf Faktoren nun für dein Verhalten verantwortlich ist, heißt es wieder aufschreiben. Und zwar jedes Mal, wenn die Gewohnheit, oder das Bedürfnis nach dieser Gewohnheit auftritt.

Wenn du es konsequent schaffst diese fünf Punkte aufzulisten, wird dir schnell ein ganz bestimmtes Muster auffallen. Nun hast du die drei Prozesse der Gewohnheit erkannt, benannt und dir bewusst gemacht. Es folgt der entscheidende Schritt: Mache Dir einen Plan (und befolge ihn!). Aber geh dabei sicher, dass dein Plan auch realisierbar ist. Wenn du dir vornimmst, jeden Tag zwei Stunden Sport zu treiben, obwohl du genau weißt, dass dir (ohne die Verwendung von Ausreden) die Zeit dazu fehlt, dann lass es bleiben, denn das kann so nichts werden und endet nur im Frust.

Nachdem du alle Schritte deines Verhaltensmusters kennst, kann es endlich an das Ändern oder Verändern deiner

Gewohnheit gehen. So lange der Weg bis hierher auch gedauert haben mag: Besser man (ver)ändert eine Gewohnheit spät und dafür nachhaltig und langfristig, als nie oder scheitert immer wieder bei dem Versuch.

Aber wenn du an diesem Punkt angelangt bist, dann musst du dich auch sofort dransetzen, deine Gewohnheit zu ändern. Denn wir alle wissen, dass das Aufschieben ebenfalls eine unangenehme Gewohnheit ist, die die meisten von uns pflegen.

Eine Sache ist hierbei sehr wichtig: eine Gewohnheit zu ändern ist viel, viel leichter, als einfach eine Gewohnheit ersatzlos abzulegen. Unser Gehirn findet es besser, wenn es nur eine Information in den Basalganglien durch eine anderen austauschen muss, anstatt eine Information komplett zu löschen. Außerdem ist dadurch ein Vakuum gefüllt, das die alte Gewohnheit hinterlassen hat.

Schreibe dir am besten folgenden Satz auf und ergänze die Worte in den Lücken mit deiner persönlichen Gewohnheit, die du ändern willst: Wenn _____ [Auslöser], dann tu ich _____ [Gewohnheit], weil ich davon _____ [Belohnung] bekomme/ werde. Bei der Änderung einer Gewohnheit, versuchst du den Auslöser und die Belohnung beizubehalten und alleine den mittleren Teil auszutauschen. Aus diesem Grund fällt es dir viel leichter, dein Verhalten lediglich zu ändern, weil du eigentlich nicht viel anders machst, als bisher. Deine Basalganglien haben zwei der drei Komponenten behalten und senden daher schon von vornherein weniger Alarmsignale aus, wenn es schließlich zur Änderung kommt.

Gewohnheiten beginnen anfangs immer mit einer bewussten Entscheidung. In dem gewählten Beispiel war es die Entscheidung in das Café zu spazieren, um dort das neue Angebot für einen Kaffee und Kuchen auszuprobieren. Diese Entscheidung war sicherlich auch noch bei den folgenden Besuchen bewusst. Irgendwann aber, hattest du einen Punkt erreicht an dem du nicht mehr darüber gegrübelt hast ob, sondern einfach gemacht hast.

Diese Macht der bewussten Entscheidung kannst du dir nun aber wieder zu Nutzen machen. Und hier kommen wir zum Plan. Wir kennen den Ort und die ungefähre Zeit zu der wir täglich mit den Kollegen zu dem Café spazieren. Wir haben nicht explizit herausgearbeitet, was uns nun wirklich antreibt. Was ist die Belohnung? Nehmen wir nun also an, wir haben durch testen und das Aufschreiben unserer unmittelbaren

Gedanken und Gefühle nach den Belohnungstests herausgefunden, es ist der Gang an die frische Luft, der die eigentliche Belohnung darstellt. Du weißt jetzt die beste Möglichkeit, dieses Vakuum zu füllen und du musst dich nur umgewöhnen, anstatt das Café ersatzlos zu streichen.

Also lässt sich ein wunderbarer Plan formulieren, der in etwa so lauten könnte:

Jeden Nachmittag um 3 Uhr, stehe ich von meinem Schreibtisch auf und spaziere für 30 Minuten durch den Park.

Nun ist diese Formulierung nicht wahllos so gewählt. Und diese Grundsätze gelten für jeden guten Plan. Aber wie oben erwähnt, sollte ein wirklich guter Plan immer unter folgenden Gesichtspunkten angelegt sein: Er sollte vor allen Dingen realistisch und erreichbar sein. Fange nie mit etwas an, von dem du weißt, dass es nichts wird. Du musst eine Gewohnheit nicht auf einmal komplett ändern, wenn die Veränderung zu groß wäre. In diesem Fall wählst du einen oder mehrere Zwischenschritte, bis du dich komplett umgestellt hast. Nach jedem Zwischenschritt kannst du auf dich stolz sein! Das gibt dir neue Kraft für den nächsten Schritt. Diese Methode dauert unter Umständen Monate oder noch länger, aber es ist besser, als sich zu viel vorzunehmen und es dann nicht zu schaffen. Gut Ding will schließlich Weile haben.

Außerdem sollte ein guter Plan so spezifisch und konkret wie möglich sein. In diesem Formulieren haben wir eine Regelmäßigkeit, eine feste Uhrzeit, eine Dauer, eine klar definierte Aktivität und einen Ort festgelegt. Damit hast du immer einen Anhaltspunkt, der es dir leichter macht, eine Orientierung bei der neuen Gewohnheit zu finden.

Ein Beispiel für einen schlechten Plan wäre folgende Formulierung: Ich gehe jeden Nachmittag an die frische Luft.

Du hast eine sehr vage Zeitangabe, die dir keinen Halt bietet. Außerdem kann die „frische Luft" eine Menge bedeuten, von mal kurz rausgehen bis zu einer langen Wanderung. Vage Angaben laden dich zum Schummeln ein. Wenn du keine Lust hast, spazieren zu gehen, gehst du eben nur kurz einmal um den Block. Du bist ja an der frischen Luft gewesen, also hast du technisch alles richtig gemacht. Wenn du dir aber das klare Ziel von 30 Minuten setzt, dann hast du keine Entschuldigung mehr für eine Runde um den Block.

Noch besser wird ein Plan, wenn wir eine Konsequenz (wenn..., dann...) daran knüpfen. Dieses Thema ist aber eigenständig und nimmt einen andern Themenbereich ein.

Um ein letztes Mal auf das Café-Beispiel zurückzukommen: Um nicht der bekannten Macht der Gewohnheit zu unterliegen und die Regeln eines guten Plans einhalten zu können, würde sich für das beschriebene Beispiel und den gefassten Plan, folgendes Szenario anbieten: du stellst dir jeden Arbeitstag für drei Uhr einen Alarm mit der Erinnerung deines Vorhabens. In Zeiten von Smartphones und Erinnerungsfunktionen, dürfte dies das geringste Problem sein. Natürlich kann man auch auf das eingangs erwähnte Beispiel vom Kühlschrankzettel zurückgreifen. Aber auch für die analoge Erinnerungsfunktion bzw. Planerstellung, gelten die Regeln für einen guten Plan. Denn die beste Erinnerung und der schönste Zettel werden nicht helfen, wenn der Plan unspezifisch und unrealistisch formuliert wurde. Es gilt also je nach angestrebter Verhaltensänderung auch ein wenig

Bedenkzeit in die richtige und gute Formulierung eines Plans zu investieren.

Jetzt musst du den Plan nur noch befolgen. Nichts leichter als das. Nun ja, seien wir ehrlich. Die Umsetzung wird Dir häufig noch schwer fallen. Vor allem wenn es um komplexere Sachverhalte geht, bei denen noch mehr Faktoren eine Rolle spielen. Zum Beispiel das Rauchen, bei dem nicht nur der Gewohnheitsaspekt, sondern auch die körperliche Abhängigkeit zu berücksichtigen ist. Dennoch soll diese Anmerkung keine Einladung für Ausreden sein, schließlich hast du mit dem beschriebenen Schritt-für-Schritt Verfahren eine einfach umzusetzende Blaupause für jede Art von Gewohnheit.

Also gilt hier eine wichtige Regel, die du dir setzen musst: Es gibt absolut keine Ausnahmen. Du wirst auch bei Regen spazieren statt ins Café zu gehen, dasselbe gilt für Schnee, zu heiße oder zu kalte Tage, usw. Ausreden gibt es nicht, denn sonst wirfst du dich in deinem Plan um Tage oder gar Wochen zurück oder gibst ihn gar komplett auf. Diese Regel kann anfangs sehr schwierig zu befolgen sein, weil unser Gehirn eben Alarmsignale sendet, da wir entgegen unserer alten Gewohnheit handeln. Aber je länger du durchhältst, desto leichter wird es. Bis dir eines Tages auffällt, dass es überhaupt keine Schwierigkeiten mehr bereitet, sondern ganz normal wirkt. Das ist der Punkt, an dem du dich an die neue Gewohnheit angepasst hast.

Um diese Regel zu befolgen und über Wochen hinweg durchzuhalten, bis sich die neue Gewohnheit in die Basalganglien eingeprägt hat, kannst du dir ein paar Hilfsmittel nehmen.

1. Keine Versuchung: geh beim Spaziergang nicht am Café vorbei, sondern woanders hin. Wenn du abnehmen willst, dann mach künftig einen Bogen um das Regal mit den Süßigkeiten. Wenn dir deine alte Gewohnheit nicht direkt vor die Augen gesetzt wird, denkst du auch weniger darüber nach und dir fällt es leichter, dich umzugewöhnen. Dieses Hilfsmittel gilt vor allem, wenn du dir das Rauchen abgewöhnen willst. Mach einen Bogen um rauchende Leute, speziell in der Mittagspause.

2. Ersatz: So wie eben der Spaziergang in unserem Beispiel, ist es am besten für dich, wenn du deine alte Gewohnheit mit einer neuen ersetzt. Damit vermeidest du Leerräume. Wenn du dabei bist, mit dem Rauchen aufzuhören, kann das sehr schwierig

sein, denn viele Raucher greifen in diesem Fall auf Essen zurück und nehmen zu. Finde etwas Anderes, das dich auch belohnt.

3. Lass andere teilnehmen: teile deine Gewohnheitsänderung bei sozialen Medien, erzähle deinen Kollegen, Freunden oder deiner Familie davon. Du wirst sehen, wie viel Unterstützung du von anderen bekommen kannst! Außerdem hat dies einen positiven Effekt der Überwachung, denn es wäre dir peinlich, wenn dich auf einmal jemand wieder beim Café ertappen würde.

Und die beste Teilnahme ist, wenn andere mitmachen. Halbes Leid ist schließlich geteiltes Leid. Ihr könnt euch zusammen motivieren und bei der Stange halten. Außerdem würdest du beim Gedanken ans

Aufgeben ein wahnsinnig schlechtes Gewissen bekommen, weil du deinen Partner oder dein Team damit im Stich lassen würdest.

Du kannst dir auch kleine Hilfsmittel nehmen, wie zum Beispiel jeden Tag, an dem du die neue Gewohnheit durchhältst, im Kalender abzuhaken und dann dir nach einer gewissen Zeit eine Belohnung zu gönnen.

Zum Schluss die Dauer bis der Prozess der Umgewöhnung abgeschlossen ist: Lange!! Wirklich sehr lange.

Manche Leute oder Internetseiten behaupten, ganz genau zu wissen, wie lange es dauert und geben meist einen relativ kurzen Zeitraum an. Manche Studien behaupten, es gebe einen bestimmten Zeitraum, aber wenn man sich die einzelnen Ergebnisse anschaut, sieht man, dass es sich dabei um einen Mittelwert oder Median aus allen getesteten Probanden handelt und dass die eigentliche Spanne beispielsweise zwischen 14 und 400 Tagen schwankt. Man kann nicht so pauschal eine Angabe machen, denn die Zeitdauer, die wir benötigen, um uns an eine neue Gewohnheit anzupassen, hängt von sehr vielen Faktoren ab:

1. Deine Disziplin und deine Einstellung: Das hängt allein von dir ab. Manche Leute sind diszipliniert und andere eben nicht, aber jeder von uns kann an sich arbeiten. Deine Einstellung ist hier deshalb auch sehr wichtig. Wenn du wenig diszipliniert bist, aber eine positive Einstellung hast und dir jeden Tag sagst „Ich schaffe es!", dann dauert es weniger lange, als wenn du sagst „Ich weiß nicht, ob das was wird...". Es ist also sehr wichtig, dass

du an dir selbst arbeitest und dich selbst wichtig nimmst.

2. Die Art der Gewohnheit: handelt es sich nur um etwas kleines, wie ab sofort die Schnürsenkel in die Schuhe zu stecken, wenn du sie ausziehst, oder willst du ab sofort für einen Marathon trainieren? Kleine Dinge gewöhnst du dir in kurzer Zeit an, große Projekte erfordern erheblich mehr Zeit.

3. Wie alt ist deine ehemalige Gewohnheit: wenn du eine Gewohnheit änderst, kommt es auch darauf an, wie lange du sie bereits hattest. Bist du erst einen Monat ins Café gegangen oder schon seit vielen Jahren. Je länger du eine Gewohnheit hattest, desto stärker hat sie sich in

das Gehirn eingeprägt und es wird länger dauern, sie loszuwerden.

4. Gewohnheiten ändern vs. neue Gewohnheiten: es ist für das Gehirn leichter, sich eine neue Gewohnheit einzuprägen, als eine alte zu ändern. Stell es dir vor, wie ein Blatt Papier. Ist es leer, fällt es dir leicht darauf zu schreiben. Musst du aber einen schon geschriebenen Text umändern, wird die Sache kompliziert.

5. Der Grund der Gewohnheitsänderung: Wenn du dir an Neujahr einfach irgendwas vornimmst, weil dir sonst nichts eingefallen ist, dann kann es schwierig werden und lange dauern (wenn du es überhaupt durchhältst). Wenn du aber eine Gewohnheit änderst, um dich an eine verbesserte Situation anzupassen, dann hast du

eine große Motivation und du wirst nicht lange brauchen, dich daran zu gewöhnen. Das beste Beispiel sind hier Leute, die frisch in Rente gegangen sind. Auch nach 40 Jahren Arbeit fällt es ihnen meistens sehr leicht, sich ans neue Leben anzupassen.

6. Dein Talent: Wenn dir deine neue Gewohnheit leicht fällt, weil du darin talentiert bist, geht die Anpassung schnell. Es dauert allerdings lange oder sehr lange, wenn du von vornherein nicht gut darin bist. Das soll dich aber keinesfalls komplett davon abhalten oder demotivieren. Du musst dir nur bewusst sein, dass du ein bisschen mehr Geduld mitbringen musst, aber du wirst es definitiv schaffen!

7. Der Zeitpunkt: Für manche Gewohnheitsänderungen gibt es einfach perfekte Zeiten, wie zum Beispiel das Abnehmen vor der Bikinisaison. Im Frühling gibt dir der bevorstehende Sommer mit leichter Kleidung einen wesentlich größeren Ansporn, als der Herbst, nach dem eh nur Weihnachten mit viel mehr Schlemmereien kommt. Manche Leute ändern Gewohnheiten auch radikal, wenn ihnen durch eine bestimmte Situation bewusst wird, dass im aktuellen Lebensstil etwas nicht stimmt und geändert werden muss.

8. Deine Vorbereitung: Damit meinen wir zum einen deine mentale Vorbereitung, wie sie oben beschrieben wird. Wenn du dir einen solchen Plan zulegst, hast du es relativ leicht, deine Änderung zu

vollziehen. Zum anderen meinen wir aber auch ganz banal die materielle Vorbereitung. Du kannst dir nicht vornehmen, ab morgen täglich joggen zu gehen, wenn du dir erst mal die geeigneten Schuhe dafür kaufen musst. Also geh sicher, dass du komplett vorbereitet bist, bevor du den Schritt zur Veränderung wagst.

9. Gibt es einen Nutzwert: Oft hat eine Gewohnheit einen Nutzwert, der nicht immer gleich sichtbar ist. Wenn du zum Beispiel mehr Zeit an der frischen Luft verbringst, wirst du nicht nur fitter, sondern du setzt dich auch dem Sonnenlicht aus und produzierst mehr Vitamin D, was der Winterdepression entgegenwirkt. Versuche in deiner neuen Gewohnheit einen oder mehrere versteckte Nutzwerte zu finden, denn damit motivierst du dich

besser und brauchst weniger Zeit, bis die neue Gewohnheit fest in dir verankert ist.

10. Für dich oder für andere: Wenn du eine Gewohnheit änderst, weil du dir selbst damit etwas Gutes tun willst, dann wird es dir leichter fallen, als wenn jemand anderes dies von dir verlangt. Für einen Partner ist es immer noch leicht, wahrscheinlich, weil deine Liebe dir genug Motivation bietet. Aber wenn dir jemand einfach sagt, du sollst etwas an dir ändern, dann wird dir dies schwerfallen und somit lange dauern. Daher kannst du übrigens auch hier wieder versuchen, einen Nutzwert darin zu finden, der es dir dann doch leichter machen kann.

11. Deine Flexibilität: bist du der Typ, der am liebsten im Alltag bleibt, sogar im

Urlaub? Oder gehörst du zu denen, die immer wieder etwas an ihrem Leben ändern? Wie oft ziehst du um? Wie oft räumst du in deiner Wohnung um? Wie oft wechselst du deine Arbeit oder deine Partner? Was ist alles nebenher in deinem Leben los? Je einfacher und alltagsgeprägter dein Leben, desto schwieriger wirst du eine Umstellung von Gewohnheiten finden. Wenn du aber jährlich umziehst, weil du andauernd deine Jobs wechselst, wird das vielleicht seltsam im Lebenslauf aussehen, aber du wirst sehr viel anpassungsfähiger sein und schneller mit der neuen Situation zurechtkommen. Auch wenn die Gewohnheit, die du änderst, an sich nichts mit dem eben beschriebenen Lebensstilen zu tun hat, so ist dein Gehirn doch flexibler und kann auch andere Bereiche des Lebens schneller verändern und sich an neue Dinge und Handlungen anpassen.

12. Der Wiederholungseffekt: Änderst du eine Gewohnheit zum ersten Mal bewusst, dann wird es lange dauern, denn dies ist Neuland für dich und dein Gehirn. Beim der zweiten Gewohnheit fällt es dir aber deutlich leichter und beim dritten Mal bist du ein Experte. Dein Gehirn kennt den Prozess schon und du kennst dich auch besser und weißt nun, wie du Fehler vermeidest, wie du dich motivieren kannst, usw.

Du siehst also, es ist überhaupt nicht möglich vorher zu sagen, wie lange solch ein Prozess dauern kann. Keine Studie hat all diese Faktoren bisher genau berücksichtigt und wir Menschen sind einfach viel zu verschieden, um vergleichbare Werte für eine Studie zu erhalten. Wir wissen nur, dass es relativ lange dauert. Aber wenn du es richtig machst, ist es die Zeit wert, denn du wirst ein nachhaltiges Ergebnis erhalten, nämlich eine dauerhaft geänderte Angewohnheit. Dann gibt es keinen Jojo-Effekt oder andere Alpträume. Wenn du den Plan richtig befolgst und an dich glaubst, dann tust du all dies nur einmal (für eine Gewohnheit), dann hast du es für immer hinter dir. Also investiere die Zeit in dich selbst, denn du wirst es nicht bereuen.

Schlusswort

Ein faszinierendes und fesselndes Thema mit ungeahnter Tiefe. Hoffentlich konntest du aus den dargelegten Informationen genügend Neues und vor allen Dingen Hilfreiches herausfiltern, um Deine eigenen Gewohnheiten zu ändern, oder anderen bei der Verhaltensumstellung unter die Arme zu greifen.

Wenn du es bis hierhin geschafft hast und das Buch gelesen hast, bist du bereits einige Schritte weiter, als die meisten. Der Wille zählt. Und mit der Bereitschaft dieses Buch zu lesen und zu studieren, hast du bereits bewiesen, dass du den Willen und damit die nötige Kraft besitzt, um tatsächlich etwas zu ändern.

Du weißt jetzt auch, dass du ganz bestimmt nicht allein damit bist. Selbst wenn du keine Mitstreiter für dein persönliches Projekt findest, so werden dir viele Leute trotzdem von ihren Erfahrungen berichten können. Und schau dich dann einfach mal um, wer sonst noch alles so etwas geschafft hat! Du wirst schnell merken, dass du in sehr guter Gesellschaft bist und dass du es schaffen kannst, denn was die anderen können, das kannst du genauso gut.

Das Grundgerüst und die Vorgehensweise sind dir damit bekannt. Jetzt liegt es an dir, etwas aus diesem Wissen und den Tipps zu machen und Taten folgen zu lassen. Lasse diesen Worten endlich Taten folgen, suche die Ursachen, teste und mache einen Plan! Noch nie ist etwas Großes aus einer Komfortzone heraus entstanden. Und Gewohnheiten sind oftmals genau das: Ein komfortabler Bereich aus dem wir uns nicht oder nur ungern heraus wagen. Aber du weißt nun auch, dass es nur beim ersten Mal schwierig ist, danach wird es immer leichter. Gib Deiner Bequemlichkeit eine Pause und konfrontiere Dich mit den Gewohnheiten, die dich stören und ohne die du ein besseres, glücklicheres und gesünderes Leben führen könntest. Am Ende kannst du aus sehr gutem Grund auf diese Zeit zurückschauen und sehr stolz auf dich selbst sein! Vergiss dann nicht, dir eine gute Belohnung zu gönnen, denn du hast sie definitiv verdient. Dabei wünschen wir dir vor allem Spaß, viel Erfolg, Kraft und Ausdauer.

Interessieren Sie sich für das Thema Cryptocurrencies und Bitcoins? Das Thema, das gerade in aller Munde ist? Wenn Sie mehr darüber und über das Investieren in Cryptocurrencies lernen möchten, dann laden Sie sich diesen kostenlosen Bonus runter:

IMPRESSUM

Text: Copyright © 2018 by ALI KALAI TLEMCANI

Impressum:

ALI KALAI TLEMCANI

1 Complexe El hassani Immeuble Amal 2

90000 TANGIER

Marokko

Alle Rechte vorbehalten.

Nachdruck oder Kopieren, auch auszugsweise, ist ohne Erlaubnis des Autors nicht gestattet.

Cover-Foto: © Solarseven/
www.shutterstock.com

Wichtiger Hinweis:

Die in diesem Buch enthaltenen Informationen dienen ausschließlich informativen Zwecken und dürfen unter keinen Umständen als Ersatz für eine professionelle Beratung oder Behandlung durch ausgebildete und anerkannte Ärzte angesehen werden. Diese beinhalten keinerlei Empfehlungen bezüglich bestimmter Diagnose- oder Therapieverfahren. Die Inhalte dürfen niemals als eine Aufforderung zur Selbstbehandlung oder als Grundlage für Selbstdiagnosen und -medikation verstanden werden. Die Informationen spiegeln lediglich die Meinung des Autors wieder. Der Autor übernimmt für die Art oder Richtigkeit der Inhalte keine Garantie, weder ausdrücklich noch impliziert.

Sollten Inhalte des Buches gegen geltendes Recht verstoßen, dann bittet der Autor um umgehende Benachrichtigung. Die betreffenden Inhalte werden dann umgehend entfernt oder geändert.

Haftung für Links

Das Buch enthält Links zu externen Webseiten Dritter, auf deren Inhalte wir keinen Einfluss haben. Deshalb können wir für diese fremden Inhalte keine Gewähr übernehmen. Für die Inhalte der verlinkten Seiten ist stets der jeweilige Anbieter oder Betreiber der Seiten verantwortlich. Die verlinkten Seiten wurden zum Zeitpunkt der Verlinkung auf mögliche Rechtsverstöße überprüft. Rechtswidrige Inhalte waren zum Zeitpunkt der Verlinkung nicht erkennbar. Eine permanente inhaltliche Kontrolle der verlinkten Seiten ist jedoch ohne konkrete

Anhaltspunkte einer Rechtsverletzung nicht zumutbar. Bei Bekanntwerden von Rechtsverletzungen werden wir derartige Links umgehend entfernen.

www.ingramcontent.com/pod-product-compliance
Lightning Source LLC
Chambersburg PA
CBHW061205180526
45170CB00002B/963